Contemporary Music of Japan

SPARKS
for Marimba Solo

KINOSHITA Makiko

現代日本の音楽

SPARKS
マリンバ・ソロのための

木下牧子

音楽之友社

ONGAKU NO TOMO EDITION

マリンバ・ソロのための"SPARKS"は、打楽器奏者・西久保友広さんの委嘱で2015年夏に作曲。同年11月10日トッパンホールにて初演されました。西久保氏による熱のこもった素晴らしい初演と、翌年夏の福井での同氏の再演が評判となり、曲の問合せを多くいただいたことから出版が決まりました。この作品を書くまで、打楽器といえばソロよりアンサンブルを好み、4～6重奏作品を多く書いてきましたが、委嘱をいただいたことで、初めてマリンバ・ソロの奥深い魅力に惹かれることとなりました。初演後と再演後に少しずつ改訂を加えたため、この出版譜が決定稿となります。

　タイトルの"SPARKS"とは、「閃光」とか「火花」という意味で、炸裂するスフォルツァンドの和音を意味しています。単一楽章9分の作品で、トレモロを多用したゆったりした楽想と、リズムと運動性を重視したアレグロの楽想が交互に現れる構成になっています。全編を通して和音の火花を散らしながら、徐々に高まり交錯しつつアレグロのエンディングに集結していきます。

2016年12月
木 下 牧 子

　Commissioned by NISHIKUBO Tomohiro, percussionist, I wrote "SPARKS" for Marimba Solo in the summer of 2015. It was premiered in Toppan Hall, Tokyo, on 10th November of the same year. Thanks to Mr. Nishikubo's spirited and wonderful performance at the premiere and the high reputation of his second performance of the year after in Fukui Prefecture, I received so many inquiries that ONGAKU NO TOMO SHA have decided to publish the score here. Until I received this commission, I had prefered to write percussion ensemble pieces rather than solos, and had been writing a number of Quartets, Quintets and Sextets. So this was the first time for me to get fascinated with the profound attractiveness of solo marimba playing. This is the finalized version of the score, including revisions made after the premiere and the second performance.

　The title "SPARKS" stands for exploding chords with sforzando accents. It is a work in one movement of 9 minutes. It switches from the languorous motifs with frequent tremolos to allegro ones where rhythm and mobility are brought into focus. Fireworks of chords keep rising across little by little until they culminate in the allegro ending.

KINOSHITA Makiko
in December 2016
Translated by ITAKURA Yoshiko

for Marimba solo
SPARKS
マリンバ・ソロのための

木下 牧子 作曲
Composed by KINOSHITA Makiko

© 2015 by KINOSHITA Makiko
© 2017 assigned to ONGAKU NO TOMO SHA CORP., Tokyo, Japan.

皆様へのお願い

　楽譜や歌詞・音楽書などの出版物を権利者に無断で複製（コピー）することは、著作権の侵害（私的利用など特別な場合を除く）にあたり、著作権法により罰せられます。また、出版物からの不法なコピーが行われますと、出版社は正常な出版活動が困難となり、ついには皆様方が必要とされるものも出版できなくなります。
　音楽出版社と日本音楽著作権協会（JASRAC）は、著作者の権利を守り、なおいっそう優れた作品の出版普及に全力をあげて努力してまいります。どうか不法コピーの防止に、皆様方のご協力をお願い申し上げます。

　　　　　　　　　　　　　　　　　　　　株式会社 音楽之友社
　　　　　　　　　　　　　　　　　　　　一般社団法人 日本音楽著作権協会

LOVE THE ORIGINAL
楽譜のコピーはやめましょう

〈現代日本の音楽〉
SPARKS（スパークス）　マリンバ・ソロのための

2017年2月28日　第1刷発行

作曲者　木下牧子（きのしたまきこ）
発行者　堀内久美雄
　　　　東京都新宿区神楽坂6の30
発行所　株式会社 音楽之友社
　　　　電話 03(3235)2111(代)　〒162-8716
　　　　http://www.ongakunotomo.co.jp/
　　　　振替 00170-4-196250

490916

落丁本・乱丁本はお取替いたします。
Printed in Japan.

楽譜浄書：鈴木典子
序文英訳：板倉克子
印刷／製本：㈱平河工業社

木下牧子　器楽作品
KINOSHITA MAKIKO INSTRUMENTAL WORKS
―ONGAKU NO TOMO EDITION―

[PIANO WORKS FROM JAPAN]
９つのプレリュード　　　　　　　　　　　　　　　　　　　　　　A4・48頁
9 PRELUDES for Piano　　　　　　　　　　　　　　　　　　　　　【ODM】1293

[現代日本の音楽] Contemporary Music of Japan
シンフォニエッタ　〜弦楽オーケストラのための　＊　　　　　　　A4・36頁
SINFONIETTA for String Orchestra　　　　　　　　　　　　　　　【ODM】0067

[現代日本の音楽] Contemporary Music of Japan
ねじれていく風景　〜クラリネット、ヴァイオリン、ピアノのための　　A4・44頁+16頁+16頁
TWISTING LANDSCAPES for Clarinett in B♭, Violin and Piano　　【ODM】1405

[現代日本の音楽] Contemporary Music of Japan
打楽器コンチェルト　〜ソロと４人のパーカッション・アンサンブルのための　　菊倍・56頁
PERCUSSION CONCERTO for Solo Percussion and Percussion Ensemble of 4 Players　ISBN: 978-4-276-92130-6

[現代日本の音楽] Contemporary Music of Japan
夜は千の目を持つ　〜アルト・サクソフォーンとピアノのための　　菊倍・28頁+12頁
NIGHT HAS A THOUSAND EYES for Alto Saxophone and Piano　　ISBN: 978-4-276-92162-7

[現代日本の音楽] Contemporary Music of Japan
もうひとつの世界　〜ピアノ四重奏のための　＊　　　　　　　　　菊倍・64頁
ANOTHER WORLD for Piano Quartet　　　　　　　　　　　　　　ISBN: 978-4-276-92166-5

[現代日本の音楽] Contemporary Music of Japan
SPARKS　〜マリンバ・ソロのための　　　　　　　　　　　　　　A4・16頁
SPARKS for Marimba Solo　　　　　　　　　　　　　　　　　　ISBN: 978-4-276-92201-3

【ODM】コードのある商品はオンデマンド対応（受注生産）楽譜です。お近くの楽器店・楽譜取扱店へご注文ください。注文は１部から、返品は不可です。ご注文から商品の受け取りまで２〜３週間いただきますので予めご了承ください。お受取り、お支払いは、ご注文いただきました楽器店・楽譜取扱店にてお願いします。

＊印はパート譜をレンタルにて扱っております。
問合先：㈱音楽之友社著作権管理室：〒162-8716　東京都新宿区神楽坂6-30

【ODM】= ON DEMAND Publishing
＊ = Material is available on hire. Please make an inquire to the following ;
ONGAKU NO TOMO SHA CORP., Copyright Department：E-mail: copyright_dept2015@ongakunotomo.co.jp

Contemporary Music of Japan
SPARKS
for Marimba Solo

KINOSHITA Makiko

490916

定価（本体2800円＋税）

ISBN978-4-276-92201-3
C1073 ¥2800E

ガウディ完全ガイド

編者:オーロラ・クイト&クリスティーナ・モンテス　翻訳・監修:西森陸雄

X-Knowledge